Début d'une série de documents
en couleur

LA CORRESPONDANCE

DU

CHEVALIER FRÉDÉRIC DE GENTZ

AVEC LE

PRINCE DE VALACHIE JEAN CARADJA

ET LA

QUESTION D'ORIENT

PAR

NICOLAS G. ALEXANDRESCO

Diplômé de l'École des Sciences politiques

PARIS

A. PEDONE, ÉDITEUR

LIBRAIRE DE LA COUR D'APPEL ET DE L'ORDRE DES AVOCATS

13, RUE SOUFFLOT, 13

1895

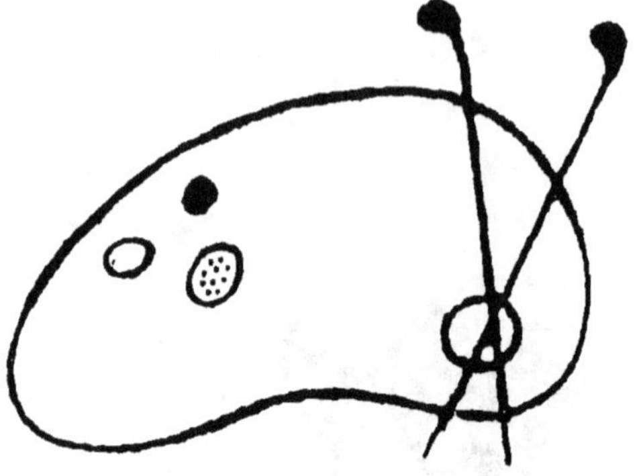

Fin d'une série de documents
en couleur

LA CORRESPONDANCE

DU CHEVALIER FRÉDÉRIC DE GENTZ

AVEC

LE PRINCE JEAN CARADJA

LA CORRESPONDANCE

DU

CHEVALIER FRÉDÉRIC DE GENTZ

AVEC LE

PRINCE DE VALACHIE JEAN CARADJA

ET LA

QUESTION D'ORIENT

PAR

NICOLAS G. ALEXANDRESCO
Diplômé de l'École des Sciences politiques

PARIS

A. PEDONE, ÉDITEUR

LIBRAIRE DE LA COUR D'APPEL ET DE L'ORDRE DES AVOCATS

13, RUE SOUFFLOT, 13

—

1895

LA CORRESPONDANCE

DU

CHEVALIER FRÉDÉRIC DE GENTZ

Avec le Prince de Valachie, Jean Caradja

ET LA QUESTION D'ORIENT

L'Autriche et la question d'Orient en 1812.

Depuis Tilsitt et pendant tout le temps qu'avait duré l'alliance du Tzar et de Napoléon, la crainte constante de la diplomatie autrichienne avait été de voir la Russie s'emparer des principautés danubiennes. Aussi, lorsque les événements amenèrent l'Autriche à se tourner du côté de la France, Metternich ne manqua pas d'affirmer qu'une des premières conditions du rapprochement était que Napoléon assurerait l'intégrité du territoire turc. L'empereur des Français n'avait plus à ménager la Russie, il avait beaucoup de raisons pour faire sienne la politique orientale du chancelier d'Autriche et l'article 6 du traité signé par la France et l'Autriche, le 14 mars 1812, stipula nettement que les deux puissances se garantissaient mutuellement contre tout démembrement de l'empire Ottoman (1).

1. De Clercq, t. II, p. 369.

Par ce moyen, à une époque où Napoléon semblait être encore le maître du monde, Metternich pensait avoir échappé au danger de voir les Russes occuper les embouchures du Danube.

Mais tous les grands événements qui suivirent l'incendie de Moscou déjouèrent ces calculs, Metternich qui avait pris ses dispositions dans la prévision d'une défaite des armées russes, dut changer brusquement sa politique. La retraite misérable de la grande armée prouva à l'Autriche que c'était le Tzar qui était le plus fort et que dès lors le problème oriental était de nouveau posé. Metternich voulut alors prendre des précautions pour écarter le danger qu'il prévoyait dans l'avenir et pour mettre les Turcs en mesure de se défendre. Mais pour aider le Sultan à parer les coups que la Russie victorieuse ne manquerait pas de lui porter, il fallait avoir sa confiance, se lier à lui intimement. Metternich se demandait comment il pourrait y arriver sans faire trop de bruit, sans froisser le Tzar dont il allait avoir tant besoin, quand, d'une façon inespérée le prince de Valachie, Jean Caradja, vint offrir au chancelier autrichien un moyen d'influence sûr et puissant sur la Porte.

Jean Caradja ; ses origines, sa politique. Il cherche un correspondant diplomatique.

———

Ianku ou Jean Caradja, comme tous les princes nom-
més par la Porte en Moldavie et en Valachie depuis 1717,
était d'origine fanariote. La famille des Caradjas s'était
divisée en deux branches, l'une établie en Valachie depuis
le dix-septième siècle, l'autre, celle qui donna des princes
à la Valachie, restée à Constantinople. En Turquie
comme en Valachie, on trouve durant tout le dix-septième
siècle quelque Caradja mêlé de près ou de loin à la politique. En 1715, d'accord avec l'empereur, le prince
régnant de la Valachie Cantacuzène, inquiet au sujet des
plans belliqueux des Tartares, envoya un Caradja en
Crimée pour surveiller le Khan (1). Les Caradjas du
Fanar, d'abord de père en fils drogmans de l'ambas-
sade hollandaise, furent pendant toute la fin du dix-hui-
tième siècle premiers drogmans de la Porte.

C'était une place de confiance et de haute importance,
toujours occupée par un grec, le Coran interdisant aux
musulmans l'étude des langues étrangères. Le premier
drogman, confident des plus petits secrets de la politique extérieure, était un si grand personnage qu'on
l'avait autorisé à porter la barbe et qu'il occupait un ap-
partement dans le palais du prince.

1. *Xenopol Istoria Romînilor*, t. IV, p. 412.

Quand le Sultan était très content d'un haut fonctionnaire grec, il le nommait prince de Valachie ou de Moldavie. C'était là une récompense fort recherchée, car dans ces malheureux pays on pouvait jouer les Verrès à son aise, sans craindre la parole vengeresse d'un Cicéron. C'est ainsi que Jean Caradja, suivant exactement la même carrière que son père, de premier drogman du Sultan, devint prince de Valachie.

A cette époque, en 1812, Jean Caradja était connu comme ennemi de la Russie. Il avait déjà auparavant été son ami, dans le temps où il avait été très lié aux Ypsilanti, hospodar de Valachie de 1802 à 1806, prince si dévoué aux intérêts du Tzar qu'on peut le considérer comme un fonctionnaire russe. Mais s'étant brouillé avec Ypsilanti, Caradja, suivant le précepte qui dit que les amis de nos ennemis sont nos ennemis, changea de politique et devint hostile à tout ce qui était slave (1). Si les Russes ne mirent pas d'opposition à la nomination de Caradja, c'est qu'ils savaient que les grands personnages fanariotes ne mettaient pas leur amour-propre à suivre un système politique logique et réfléchi, qu'ils changeaient facilement d'opinion et qu'ils suivaient docilement celui de leurs voisins qui leur semblait le plus fort et le plus riche.

Les Russes, en pensant que le nouvel hospadar de Valachie, malgré son passé, ne ferait rien contre eux, ne se trompaient pas. Mais au fond, le prince ne se dissimulait pas que son intérêt particulier, qui par hasard et si

1. *Xenopol Istoria Rominilor*, t. IV, p. 413.

l'on n'envisage que le point de vue de l'indépendance, était aussi l'intérêt du pays qu'il gouvernait, était de s'éloigner de la Russie pour se rapprocher de l'Autriche dont la politique en Orient, à ce moment, n'avait pour but que le *statu quo*.

En 1812, il était impossible à un prince fanariote sur le trône de Valachie d'être sincèrement favorable à la politique du Tzar. Les Russes venaient d'évacuer le pays et n'avaient pas laissé de bons souvenirs à ceux qui le gouvernaient. De plus, c'était une opinion commune à tous, que tous ceux qui connaissaient un peu la politique partageaient, que si la Russie, lors du traité de Bucarest, ne s'était pas emparé de la Moldavie et de la Valachie et s'était contentée de démembrer le pays, c'était parce qu'elle ne le pouvait pas, qu'elle était obligée de réunir tous ses forces contre l'empereur des Français. Mais tout le monde soupçonnait le gouvernement de St-Pétersbourg de n'avoir pas perdu de vue les principautés danubiennes et de considérer leur acquisition seulement comme une partie remise jusqu'au moment où la paix laisserait disponibles les troupes nécessaires.

Si la Valachie devenait russe, qu'adviendrait-il du hospodar ? On en ferait peut-être un colonel de cosaque ou on le renverrait plus probablement à Constantinople où il lui faudrait reprendre la vie fatigante et dangereuse des intrigues et des complots de sérail, où il y avait déjà tant de fanariotes, avides, sans scrupules et passionnés pour les bacsis qu'il était difficile de faire fortune. Tandis que sous le régime turc, Caradja, tout puissant, aussi riche qu'un petit roi d'Allemagne, traité par l'Autriche d'Altesse Sérénissime, sans autre contrôle que celui d'un consul russe vigilant, mais dont les réclamations retentissantes n'aboutissaient presque jamais, la vanité satisfaite par des honneurs souverains, la bourse remplie par le pauvre peuple roumain, Caradja pouvait se préparer une vieillesse riche sans courir aucun péril.

Sachant qu'il ne pouvait avoir aucun appui sérieux en Russie, que ses intérêts particuliers heurtaient ceux du grand empire, le prince valaque, sentant la nécessité d'un protecteur sérieux, s'adressa à Metternich. Il le fit d'une manière détournée, très adroite, très insinuante, très fanariote, en faisant courir le bruit autour du chancelier autrichien, qu'il cherchait un correspondant pour des renseignements de politique générale.

Nous l'avons vu, rien ne pouvait faire plus de plaisir à Metternich qui, craignant autant que le hospodar un nouveau démembrement de l'empire turc, était enchanté de trouver dans le nouveau prince de Valachie, un ami politique, au besoin, un aide sur lequel il pourrait compter. Il était de toute évidence que Metternich choisissant le correspondant de Caradja, choisissait en même temps un tuteur pour le prince valaque. Tout le monde sait, qu'en politique surtout, celui qui donne un renseignement, du même coup donne un conseil. En tout cas Metternich l'entendait ainsi.

Il ne faudrait pas croire, néanmoins, que c'est uniquement pour se rendre l'Autriche favorable que le prince de Valachie demanda un correspondant. En réalité, des

bons renseignements sur la politique lui étaient nécessaires et il en manquait.

Caradja était un polyglotte remarquable comme d'ailleurs tous les princes venus de Fanar et lisait beaucoup
de journaux étrangers. Mais ces publications arrivaient
tard, étaient incomplètes et ne disaient jamais que ce
que les gouvernements autorisaient. De plus le consul
russe à Bucarest, très intrigant, très bruyant, grossis-
sait les victoires du Tzar et étourdissait tout le monde
par ses exagérations et les fausses nouvelles que chaque
jour il faisait circuler.

Le prince de Valachie n'avait donc que des renseignements politiques incomplets. De temps en temps, la Porte
lui faisait communiquer quelques informations sûres,
mais presque toujours insuffisantes. On voit donc qu'en
demandant un correspondant, outre la raison qu'il avait
de se mettre sur un pied d'intimité avec l'Autriche, Caradja en avait encore d'autres fort bonnes. Mais le meil-
leur motif était que le hospodar voyait dans cette correspondance un moyen constant d'influence sur la
Porte.

Dans la lutte entre les puissances du centre de l'Europe, le sultan n'avait pas de rôle. Le traité de Bucarest
l'obligeait à rester simple spectateur ; mais il n'en suivait
pas moins les événements d'un regard anxieux. En effet,
les résultats de la guerre, quels qu'ils fussent, victoire
des Français ou victoire des Russes, avait pour lui une
égale importance, l'intéressaient au même degré, car la
Turquie, inévitablement devait recevoir le contrecoup
violent de la ruine ou du succès des uns ou des autres.

Mahmoud II avait donc grand intérêt à savoir exactement ce qui se passait. A l'époque où la question d'Orient était une de celles qui occupaient le plus la diplomatie, le sultan était assez renseigné, car l'antagonisme des puissances faisait que leurs envoyés cherchaient à qui mieux mieux à déjouer les plans de leurs adversaires et venaient rapporter au gouvernement turc tout ce qui lui était essentiel de savoir. Mais maintenant l'attention des grands Etats était ailleurs ; leurs représentants à Constantinople n'agissaient plus. La diplomatie turque n'existait pas et tout comme Caradja, en souffrant tout autant, Mahmoud II manquait de renseignements précis et complets et d'un moyen de contrôler ceux qu'il avait.

Est-ce Caradja qui proposa au Sultan de lui communiquer la correspondance qu'il voulait faire venir de l'Autriche ?

Est-ce la Porte qui, n'osant pas faire une démarche aussi compromettante, pria le hospodar de s'entremettre ? C'est un point d'histoire assez obscur. Toutefois, c'est la seconde hypothèse qui semble la plus vraisemblable. Ce qui est certain, c'est que Caradja envoya à la Porte régulièrement les nouvelles qu'il recevait et cela par l'entremise d'un médecin turc du nom de Hékimbachi Masoud Efendi, qui fut d'ailleurs mêlé à cette affaire de la correspondance dès l'origine (1).

Le service qu'il rendait ainsi à Mahmoud II avait pour le prince fanariote une grande importance. Se montrer utile à la Porte, était pour Caradja un des moyens de res-

____

1. Klinkowström, *Briefe von Gentz*, p. 188.

ter en place le plus longtemps possible. Le traité de Bucarest, il est vrai, obligeait la Turquie à laisser les hospodars au moins sept ans dans leur gouvernement. Mais Caradja n'ignorait pas que la Porte connaissait fort bien le moyen d'éluder ses engagements, que loin de Constantinople, il ne pourrait pas se défendre contre les attaques du fanariote en faveur, qui chercherait à le remplacer et qu'il devait, pour conserver le pouvoir, se rendre indispensable au Sultan. Les renseignements politiques expédiés par Caradja, peut-être pas toujours sans retouches habiles, devaient lui conserver à Constantinople l'influence qu'il avait lorsqu'il était premier drogman.

———

**Metternich désigne au prince de Valachie, Frédéric
de Gentz comme correspondant.**

Le choix du correspondant était pour Caradja et la Porte
très difficile. Il fallait un homme n'ayant pas trop d'atta-
ches officielles et en même temps au courant des plus
petits détails de la politique ; ce qui pouvait sembler in-
conciliable. On ne le trouva pas tout d'abord ; on hésitait
entre le comte Hardemberg, ministre de Hanovre à Vienne
et le conseiller de légation prussienne Piquot, quand
Metternich, auquel discrètement Caradja avait fait ap-
prendre ce qu'il cherchait, présenta pour correspondant, son ami, Frédéric de Gentz.

C'était là un choix excellent. Le portrait de Frédéric
de Gentz n'est plus à faire.

Ce personnage curieux est si intéressant que les histo-
riens de ce siècle se sont plu à l'étudier, à mesurer son
influence sur les événements contemporains du premier
Empire et de la Restauration, à raconter son existence
qui à certains jours fut celle d'un aventurier, à opposer
la complète immoralité de sa vie avec la moralité parfaite qu'il affectait dans ses idées et ses systèmes politiques. Petit à petit, Frédéric de Gentz a pris dans l'histoire diplomatique une place de plus en plus importante
et souvent on en vient à se demander si dans les actes
du gouvernement autrichien, au commencement de ce siè-

cle, ce n'est pas Gentz qui pensait, tandis que Metternich se contentait d'agir.

Pour le prince de Valachie, Frédéric de Gentz devait être l'homme qu'il fallait, le correspondant rêvé, joignant au style facile et clair d'un publiciste de premier ordre, la sagacité d'un policier et n'ayant pas assez de scrupules pour chercher à connaître la distance qu'il y a entre un diplomate et un espion. Mais surtout ce qui faisait de Gentz un agent de renseignements incomparable, c'était sa connaissance approfondie des hommes et des choses de la politique. Il n'exagérait pas lorsqu'il écrivait à Rahel, femme de Varuhagen de Ense, le 23 juillet 1813: « Je sais tout ; nul homme sur terre ne connaît la politique contemporaine comme je la connais, car personne ne peut être comme moi dans une intimité aussi étroite et en même temps avec tous les chefs des principaux partis ».

C'est le 27 décembre 1812 que Metternich vint offrir à Frédéric de Gentz d'être le correspondant du prince Caradja. et le même jour le publiciste allemand écrivit à Bucarest pour offrir ses services.

Frédéric de Gentz accepta donc tout de suite, hâtivement, comme quelqu'un qui a peur de laisser échapper une bonne affaire. Il avait pour cela d'excellentes raisons. Malgré les secours pécuniaires que Metternich lui distribuait, malgré les mille ressources que son esprit fertile lui faisait trouver, malgré l'argent qu'il recevait d'un peu partout, Gentz passait souvent par les angoisses d'un homme pauvre qui vit dans une société riche, qui

aime les plaisirs bruyants, les fêtes, le luxe, la bonne
chère, les femmes et dont la bourse est vide.

Outre les avantages considérables que son titre de correspondant du hospodar devait lui valoir, Gentz trouvait
encore une occasion de donner des conseils à un prince
et c'était pour lui un vrai bonheur.

Tout petit fonctionnaire et tout jeune il avait déjà osé
écrire à Frédéric Guillaume III, au moment où ce prince
montait sur le trône, une lettre pour exposer des projets
de gouvernement et de réformes (1). Frédéric de Gentz
ne se sentait pas lui-même d'un caractère assez puissant
pour jouer les premiers rôles, mais il était persuadé que
sa destinée était d'influer sur ceux qui les jouait.

Dans le drame politique, il devait être le souffleur.

Outre le plaisir très réel de donner des conseils et d'é-
crire des mémoires tout en remplissant sa bourse, Gentz
voyait dans son nouvel emploi un moyen de servir la
politique telle qu'il l'a rêvait et du même coup un moyen
d'être utile à son protecteur, le prince de Metternich.

Le jour même où le chancelier vint offrir à Gentz
d'être le correspondant de la cour de Bucarest, sans savoir même encore si cette cour l'acceptait, les deux hommes d'état autrichiens s'entendirent sur le plan à suivre
pour les lettres et les renseignements qui devraient être
expédiées à Caradja (2).

La première lettre que Frédéric de Gentz écrivit au
prince de Valachie, celle où il proposa ses services est

1. P. Challemel-Lacour, *Diplomates et Publicistes de l'Allemagne. Revue des Deux-Mondes* 1er juin 1868, p. 620.
2. *Tagebücher*, p. 271.

très intéressante, car le caractère du fameux publiciste se dessine admirablement. Il se montre courtisan flatteur et souple et fait son portrait avec habileté. Il parle de sa science en politique comme d'une marchandise, il l'étale, la vante, la fait valoir avec l'adresse d'un commis voyageur montrant ses échantillons.

Par moment, involontairement, quand on lit certains passages de cette lettre, on songe à ces forains qui affichent, pour attirer les spectateurs, qu'ils ont eu l'honneur de donner une représentation devant sa Majesté le Tzar ou la reine de Grande-Bretagne et d'Irlande. Le fragment suivant, à ce point de vue, est plaisant : « Occupé depuis 20 ans à suivre les grands événements du monde, à les développer et à les discuter dans des écrits *qui ont obtenu le suffrage des souverains les plus éclairés et de la partie la plus respectable du public des différents pays* où ils ont circulé, j'ai tout lieu de croire, que de manière ou d'autre, quelque notion de ma personne ou de mes ouvrages sera parvenue à un prince distingué de tout temps par ses lumières, par le succès avec lequel il a cultivé toutes les branches de la littérature et par la supériorité avec laquelle il a embrassé et pénétré tous les grands événements de l'Europe. » Un peu plus loin, d'un ton de sincérité parfaite, Frédéric de Gentz parle de son indépendance personnelle. Il a, il est vrai, le titre de conseiller autrichien, mais il affirme à Caradja que c'est simplement un titre honoraire et il ajoute : « Si par cette faveur, je me trouvais lié au service de la cour impériale je n'aurais pas pu songer à la proposition que je viens de soumettre à V. A. » Cette indépendance dont

Gentz se vantait au prince de Valachie, en fait, n'existait pas. Il dépendait de la cour de Vienne qui le faisait vivre et le titre de conseiller n'était pas seulement honorifique puisque Gentz touchait 4000 écus en cette qualité (1).

La négociation entre le prince de Valachie et Gentz se poursuivit par le moyen de l'agent autrichien à Bucarest, M. de Fleichhakl. Une lettre que Gentz adresse à ce diplomate donne encore quelques renseignements curieux sur la correspondance : « Le prince, dites-vous, écrit Gentz, abandonne à moi de fixer l'honoraire de mes peines. Je ne me permettrai pas d'anticiper sur sa générosité. Ce sera à S. A. de prononcer, lorsque l'expérience l'aura mis en état d'apprécier lui-même mon travail. » Cette question des honoraires que Gentz ne voulait pas fixer, de peur probablement de demander moins que ce qu'on était dans l'intention de lui donner, est intéressante, parce que dans la vie du publiciste autrichien, les questions d'argent tenaient une place si importante qu'il ne craignait pas d'écrire en apprenant ce que lui rapporterait sa correspondance : « Un monde nouveau se leva devant mes yeux…. » Le chiffre exact de ce que touchait Gentz n'est pas connu, mais on peut le calculer approximativement en se servant des notes de son journal. « La fin de cette année (1814), écrit-il, a été brillante. Outre les sommes que je dois à mes relations avec Bucarest, j'ai eu 48,000 florins de bénéfices extraordinaires. Mes revenus de 1814 ne se sont pas montés à moins de 17,000

1. Challemel-Lacour. *Revue des Deux Mondes*, 1er juin 1868, p. 625.

ducats » (1). Sachant que le ducat à cette époque valait environ 11 fr. 50 et le florin 2 fr. 65, en faisant la soustraction des « bénéfices extraordinaires » on arrive à constater que pour sa correspondance Gentz recevait une somme d'environ 70,000 francs.

Un passage de la lettre écrite par Gentz à M. Fleihhakl indique bien quel était le caractère du rôle que devait jouer Gentz à l'égard du prince Caradja, c'était celui d'un espion. « La seule condition sur laquelle je dois dès à présent insister, observe Frédéric de Gentz..... c'est le secret le plus absolu tant sur mon nom que sur la correspondance en question ; car si la chose venait à être connue ici ou ailleurs, adieu l'indépendance à laquelle je tiens par principe et qui m'est indispensable pour bien répondre à l'attente de mon commettant. » (2)

Ce secret d'ailleurs ne fut pas gardé très longtemps car Gentz pris bientôt officiellement le titre d'agent diplomatique du prince de Valachie ; c'est ainsi qu'il figure dans les actes officiels lors des traités de Vienne.

1. Challemel-Lacour. *Revue des Deux Mondes*, p. 635, 1er juin 1868.

2. Albert Sorel. *Revue des deux-Mondes*, p. 809, 15 décembre 1876.

La Correspondance.

La correspondance échangée entre le prince de Valachie et le chevalier de Gentz nous apparaît sous trois aspects. Elle est ou intime, ou historique, ou politique ; concerne les relations du hospodar et de son correspondant, ou expose des faits contemporains, ou indique à Caradja quelle est pour la Porte et pour lui-même la ligne de conduite la plus favorable.

Nous ne nous occuperons que de ce dernier aspect, celui où on voit Frédéric de Gentz non content de raconter les événements, cherchait à influer sur ceux de l'avenir. Cette division que nous venons d'indiquer n'est pas arbitraire. Elle se laisse lire dans chaque lettre. Ou bien Frédéric de Gentz écrit en professeur, en historien, en homme qui cherche à simplement instruire des choses ignorées ou bien son style devient plus intime et il parle en ami confident, en conseiller, en homme qui cherche à diriger.

Frédéric de Gentz a un but et il ne le perd jamais de vue.

Tout d'abord il veut montrer à la Turquie que la Russie est pour l'Orient musulman l'éternelle ennemie. Cela n'offrait pas de grandes difficultés, car personne au monde n'en était plus persuadé que ce sultan, qu'on cherchait à convaincre au moyen de Caradja. Aussi, quoique Frédé-

ric de Gentz ne néglige pas, à chaque occasion, d'accuser
la Russie d'avoir des vues sur la péninsule des Balkans,
le fait-il avec légéreté, tout juste assez pour rappeler au
Sultan que l'Autriche pense comme lui, craint tout autant que lui l'envahissement des provinces danubiennes
et cherche à barrer au Tzar le chemin du sud.

Le publiciste autrichien avait d'ailleurs une bonne
raison pour ménager la Russie tout en l'attaquant. C'est
que ce qu'il craignait, ce qu'il voulait empêcher, n'était
pas un danger présent, actuel, c'était un péril qu'on prévoyait dans l'avenir. La Russie, occupée avec la France,
ne songeait certainement pas alors à faire des conquêtes
en Turquie, et les précautions prises par l'Autriche n'a-
vaient de raisons d'être que pour le moment où la guerre
avec Napoléon serait terminée. De plus, la Russie, pour
lutter contre les Français, était petit à petit devenue la
meilleure amie de l'Autriche et Frédéric de Gentz se
trouvait avoir à résoudre ce problème délicat de médire
de la Russie assez pour plaire aux Turcs et pas assez pour
se faire faire par eux cette objection : si les Russes ont
une politique si perfide, si envahissante, pourquoi êtes-
vous si liées ? La solution trouvée est la suivante : Frédéric de Gentz n'attaquera la Russie que dans son passé
et dans son avenir, mais tout ce qu'elle fera au moment
de la correspondance sera bien fait à peu de chose près.
D'après l'informateur du hospodar, la politique du Tzar à
été « inquiète, injuste, égoïste, turbulente, avide de con-
quête et de domination », est au moment de la correspondance tout à fait le contraire, mais reviendra certainement
ce qu'elle a été. D'ailleurs on peut toujours lire entre les li-

gnes, à chaque lettre envoyée à Bucarest, l'état des relations des Autrichiens avec le Tzar. A mesure que le congrès de Vienne avance, que les questions connexes de Saxe et de Pologne divisent de plus en plus l'empereur et le Tzar, la plume de Frédéric de Gentz est plus à l'aise, il traite la Russie avec moins de ménagement, avec plus d'âpreté et le 10 mars 1815, dans ces journées troublées où la diplomatie européenne chargeait à l'unanimité Alexandre I de la responsabilité du retour de l'île d'Elbe, il osa écrire cette phrase d'une ironie sanglante : « Le charme de sa popularité (du Tzar) est détruit. Il a été trop longtemps à Vienne » (1).

Faire croire aux Turcs que la Russie était leur plus grande ennemie, n'était pas une tâche malaisée, mais ce qui était plus délicat, c'était de leur faire croire que l'Autriche était leur plus grande amie. C'était là où devait tendre tous les efforts du correspondant du hospadar.

Les Turcs avaient certainement le sentiment que contre la Russie, les intérêts autrichiens s'accordaient avec les leurs. Mais la Porte avait sans cesse devant les yeux le spectre du partage de la Pologne.

En Pologne, l'Autriche avait eu les mêmes raisons pour combattre le Tzar que celles qu'elle avait en Turquie. Pourtant, au lieu de s'opposer aux empiètements russes jusqu'au bout, elle les avait non seulement supportés mais publiquement approuvés en prenant sa part dans la liquidation polonaise. Qui pouvait assurer que

1. Dépêches inédites du chevalier de Gentz, 10 mars 1815, t. I, p. 145.

dans la péninsule le cabinet de Vienne n'agirait pas de même ?

Après avoir vu l'Autriche chercher à défendre les Balkans contre les Russes, ne pouvait-on pas la voir s'unir aux ennemis des Turcs et en pleurant, il est vrai, partager les territoires ottomans. Un essai de ce genre appartenait déjà à l'histoire et trente ans écoulés depuis cette époque ne pouvaient en avoir altéré le souvenir. Aussi quoique sachant fort bien que l'Autriche verrait avec déplaisir les Russes s'étendre dans la péninsule des Balkans, les Turcs n'avaient qu'une demi-confiance dans le cabinet de Vienne.

Ce n'était pas l'affaire de ce dernier qui, alors très sincère dans sa politique à l'égard des Turcs, cherchait à nouer avec la Porte une amitié étroite pour s'entendre sur les moyens d'éviter le danger moscovite.

Pour arriver à cela Frédéric de Gentz employa tous les moyens et le plus simple était de faire en toute occasion l'éloge de la politique autrichienne. Il n'y manqua pas et toute la correspondance est un long dityrambe en l'honneur de la diplomatie viennoise. L'Autriche est partout et toujours la puissance prépondérante, l'arbitre de la paix et de la guerre. Tantôt il parle de « l'habilité extrême de la conduite du cabinet de Vienne qui est en Europe le plus indépendant », tantôt il parle « de la sagesse et de la modération générale des principes politiques de l'Autriche », tantôt encore l'Autriche « est le centre et le pivot de toutes les négociations ».

Mais c'est surtout quand il s'agit de Metternich que Frédéric de Gentz ne se sent plus de joie. Certes le chancelier autrichien, en aidant Frédéric de Gentz, n'avait pas affaire à un ingrat et tout l'argent prêté ou donné était payé en bonnes épithètes louangeuses. Metternich est le politique le plus sage, le plus clairvoyant, le plus équitable, le plus loyal du monde. Si Metternich n'avait pas écrit de mémoires, de tous ceux qui ont favorablement parlé du chancelier autrichien, Frédéric de Gentz serait certainement le premier pour l'enthousiasme et le feu.

Peut-être était-ce un peu par égoïsme que le publiciste autrichien accablait ainsi son bienfaiteur d'éloges ? Frédéric de Gentz avait une haute idée de sa propre intelligence ; il aimait beaucoup la flatterie (1), lui-même l'a avoué, et comme il ne pouvait, dans sa correspondance, faire sa propre apologie, peut-être lui était-il doux de distribuer à Metternich, un encens dont lui, l'ami, le confident, le conseiller du chancelier, devait pouvoir prendre sa large part.

Pour établir que l'Autriche est le plus puissant des Etats européens, Frédéric de Gentz se sert de tous les événements, au hasard, selon qu'ils lui tombent sous la main. L'Autriche a toujours raison et l'ingénieux correspondant sait tirer parti même des faits qui semblent être le moins à l'honneur de son gouvernement. Dès la première lettre on trouve un exemple curieux. C'était au commencement de l'année 1813. L'Autriche était liée à la France par le traité du 14 mars 1812, et une archiduchesse régnait à Paris. Malgré cela la diplomatie autri-

1. P. Challemel-Lacour, *op. cit.*, p. 624.

chienne s'était très gravement compromise avec la Russie, sitôt les premiers revers de Napoléon connus. L'avenir prouva que ce n'était pas une faute. Il n'en reste pas moins que c'était une trahison, presque un crime. Voici comment Frédéric de Gentz explique au prince cette *bassesse* de la politique autrichienne.

« Le gouvernement autrichien........ s'était bien aperçu que dans des affaires infiniment compliquées par leur nature, les routes simples (1) deviennent impraticables. Il conçut l'idée d'un système de *neutralité active*, moyennant lequel il s'assurait de la plupart des avantages et échappait à tous les dangers attachés à chacun des partis simples (2), qu'il avait rejetés. Un système pareil exigeait juste autant d'alliance avec Napoléon qu'il en fallait pour ne pas se ranger en pure perte au nombre de ses ennemis, et juste aussi peu qu'il en fallait pour ne pas se brouiller directement et sans retour avec les puissances liguées contre lui, assez de coopération de la part de l'Autriche pour soutenir son poids dans les affaires et assez de passivité pour conserver son indépendance. Une marche aussi judicieuse que peu de contemporains ont saisie et qui paraît avoir échappé à leurs regards précisément par les points qui constituent son mérite essentiel a été justifiée par les résultats » (3).

1. Simples peut se traduire par loyales et droites.
2. Un de ces partis était celui de la Russie « parti dont les procédés injustes à l'égard de la Turquie devaient d'ailleurs dégoûter d'Autriche suffisamment ».
3. Frédéric de Gentz, *op. cit.* Dépêche du 2 février 1813, t. I, p. 8.

On voit combien Frédéric de Gentz sait habilement exposer ce « système » qui en termes francs est hésitant,
indécis, presque *lâche*. Des exemples semblables pour-
raient être multipliés et dans les dépêches publiées par
le comte de Prokech Osten, on peut voir le publiciste
viennois se servir de tous les actes bons ou mauvais de
son gouvernement pour faire l'apologie de la politique
autrichienne.

Mais un éloge continuel et immodéré de l'Autriche ne
devait pas suffire pour attirer les Turcs et s'en faire des
intimes, il fallait leur parler de leurs affaires et en parler
comme la Porte le désirait. Frédéric de Gentz, en diplomate avisé qu'il était, ne découvrit pas sa pensée au prince
Caradja, dès la première heure. Il attendit un peu que
son style, sa façon de penser, de s'exprimer, étant deve-
nus plus familiers au hospodar, ce dernier fût amené
au degré de confiance voulu pour écouter sans arrière-
pensée les confidences de la cour de Vienne.

Le correspondant du prince n'avait pas négligé dans
ses lettres de montrer toute la sollicitude que l'Autriche
portait à la Turquie et dans sa première correspondance
on lit déjà... et l'Autriche a rempli cette tâche en insérant
dans son traité avec la France un article par lequel la
garantie des possessions d'un de ses plus fidèles alliés
fut publiquement et solennellement proclamé (1).

Mais Frédéric de Gentz n'avait pas, pendant l'année

1. Traité d'alliance entre la France et l'Autriche, Paris, 14 mars
1812. Les deux Hautes Parties contractantes garantissent l'intégrité du territoire de la Porte Ottomane en Europe. Frédéric de
Gentz, *op. cit.*, p. 8, t. I.

1813, osé écrire une proclamation de foi nette et franche. Le 5 février 1814 seulement il se décida à faire une communication audacieuse. Pour donner plus de poids et plus de gravité à cette démarche il la fit au nom du prince de Metternich, comme s'il en avait reçu l'ordre et il affecta de ne jouer que le rôle d'un sténographe fidèle (1). Mais nous savons fort bien, par quelques mots de ses *Tagebucher* que Frédéric de Gentz ne fut pas seulement dans toute cette affaire un secrétaire et qu'il joua plutôt un rôle actif que passif.

Cette lettre que Frédéric de Gentz envoya en prenant toutes ses précautions, pour produire un grand effet, est très importante.

C'est le plan de la politique autrichienne en Orient après la pacification et, c'est pour la cour de Vienne presque un engagement. Voici cette lettre : « Le prince Metternich m'a chargé d'une commission que je regarde comme bien intéressante, et dont je vais m'acquitter avec la plus scrupuleuse exactitude. Le système de l'Europe a éprouvé et va éprouver encore de grands changements. Mais le maintien d'un juste équilibre entre les puissances sera constamment le principe fondamental, la boussole et l'étoile polaire du gouvernement autrichien. Le projet de cette cour n'a jamais pu être d'échanger seulement un danger contre un autre, et de détruire la prépondérance de la France pour préparer ou fa-

1. « Les termes dont je me suis servi sont ceux du prince lui-même et je garantis à votre Altesse en honneur et conscience (sachant combien l'objet doit l'intéresser) l'authencité de chaque mot de cette communication.

voriser celle de la Russie. Le prince de Metternich regardé aujourd'hui, et plus que jamais, la Porte Ottomane comme un des contre-poids les plus essentiels dans l'équilibre général de l'Europe. Son intention bien prononcée est d'agir sans cesse dans le sens de ce principe. Ses propositions, ses plans, ses démarches seront invariablement dirigés vers ce but. Il défendra les intérêts de la Porte comme les intérêts les plus directs et les plus précieux de l'Autriche elle-même ; et loin de jamais souffrir que la Russie y porte la moindre atteinte, quel que soit son désir d'assurer une longue paix à l'Europe, il ne craindrait pas de se brouiller avec cette puissance si un pareil projet pouvait, dans aucun temps, lui être suggéré par de mauvais conseils. Dans ce moment-ci, tout fait croire que la Russie en est fort éloignée ; mais on aura soin de lui faire entendre bien distinctement que telles sont, pour tout l'avenir, les vues du cabinet de ·Vienne et qu'aucun autre intérêt ne l'empêchera jamais de porter l'attention la plus sérieuse sur tout ce qui tient au bien-être de la Porte et à la conservation intacte de ses possessions. Le prince Metternich a voulu que je fasse part à Votre Altesse de ces dispositions. Il sait, Monseigneur que vous possédez plus que tout autre les moyens de les faire connaître à Constantinople, et de leur donner tout le poids qu'elles méritent, surtout à une époque aussi importante que celle d'à présent ; et il a cru que cette communication confidentielle valait mieux que des démonstrations officielles qui, — à une époque où les plus grands intérêts de l'Autriche l'engagent à ménager la Russie, et où d'ailleurs cette puissance n'a point

donné lieu de se défier de ses intentions, — seraient su-
jettes à des inconvénients réels » (1).

Ainsi donc le prince de Metternich assure solennellement que plutôt que de tolérer de nouveaux empiètements
de la Russie sur le territoire ottoman il fera la guerre
au Tzar et que le principe de la politique autrichienne
sera la conservation intacte des possessions du Sultan.

Il se trouva bientôt une excellente occasion de mettre
en pratique ce principe. Ce fut le congrès de Vienne.

La Turquie n'ayant pris aucune part à la grande guerre
contre la France, échappant au grand remaniement ter-
ritorial de l'Europe occidentale, n'avait aucun droit à
paraître au Congrès, et elle n'essaya pas de s'y faire ad-
mettre.

Il y avait pourtant une raison qui aurait pu fort bien
légitimer l'envoi d'un plénipotentiaire turc. C'est que
les diplomates de cette fameuse réunion ne voulaient pas
seulement faire une distribution de territoires, mais encore ils avaient la prétention de faire « un arrangement
définitif de toutes les graves affaires de l'Europe, arrangement dans lequel on se flattait de trouver une base du-
rable de l'équilibre politique et de la paix générale. »

Si l'on voulait empêcher toute possibilité de guerre
pour l'avenir un article garantissant au nom de l'Europe
l'intégralité du territoire Ottoman était tout indiqué.
L'Autriche était prête à appuyer une démarche de la Porte
pour cet objet. Mais le Sultan resta muet. Il craignait, en
demandant à l'Europe la conservation de ses possessions,

(1) Frédéric de Gentz, *op. cit.*, t. Ier, p. 55-56.

de se mettre en tutelle, de lier sa politique, d'être obligé
de renoncer à se venger de ce traité de Bucarest, signé par
surprise, ratifié avec douleur, et que les Russes n'exécu-
taient pas. Le prince de Metternich attendit quelque
temps que la Porte demandât d'elle-même au Congrès,
l'introduction de la question d'Orient.

Il aurait préféré voir le Sultan prendre l'initiative dans
cette affaire. En cas d'insuccès, lui, Metternich, n'aurait
de cette façon pas été aussi gravement compromis vis-à-
vis de la Russie.

Metternich, voyant que le Sultan ne faisait aucune démarche, essaya de la provoquer. Pour cela Frédéric de
Gentz, dans une lettre du 28 septembre 1814, après avoir
rapidement indiqué au prince Caradja tout l'intérêt qu'il
y avait pour la Porte à obtenir un article de garantie,
affecte de croire que la Turquie ne veut pas négocier à
ce sujet par un sentiment légitime de fierté, de peur de
montrer des inquiétudes pour l'avenir et termine en af-
firmant que même si la Porte « persiste dans ce silence
il (le prince de Metternich) n'est pas moins décidé à demander la garantie des possessions de la Turquie sous la
forme qui paraîtra la plus convenable, comme un des
articles directement liés à l'intérêt des puissances et à
celui de l'Europe entière. » Le cabinet de Vienne pensait
qu'en menaçant ainsi le Sultan de s'occuper de ses affaires malgré lui, on stimulerait son orgueil et on le
pousserait à agir.

Mais la Porte ne bougea pas et Frédéric de Gentz dut
parler plus vigoureusement. Dans une lettre du 6 octo-
bre 1814, il devient pressant, il affirme que la démarche

de la Porte est d'une nécessité urgente, que, le Congrès
terminé, la Porte sera de nouveau en tête à tête avec son
ennemi le plus dangereux, fortifié encore par tous les
avantages acquis récemment et dans l'espérance de cha-
touiller l'amour-propre ottoman, il ajoute qu'il ne serait
« ni sage, ni convenable ni même décent de la part d'une
grande puissance, comme l'empire ottoman, de ne pas
élever sa voix, et de faire, pour ainsi dire oublier son
existence politique » (1).

Sous ce coup de fouet, la Porte se décida non pas à
intervenir au Congrès, mais à faire présenter par Caradja au chancelier autrichien les raisons pour lesquelles
la Turquie restait ainsi silencieuse, à prier l'Autriche de
prendre l'initiative de demander au Congrès la garantie
des territoires ottomans et de chercher à influer le Tzar
pour qu'il rendît les territoires injustement conservés
au mépris du traité de Bucarest. Pour cette question de
territoires réclamés par la Porte, Frédéric de Gentz,
dans sa réponse, ne promit pas que l'Autriche aiderait
le Sultan, car le Tzar « y verrait infailliblement des chi-
canes imaginées pour le compromettre et le tourmen-
ter. » (2). Mais pour l'affaire de la garantie il affirme que
le prince de Metternich la prendrait en main. Puisque
la Porte ne voulait pas s'engager elle-même, c'est ce
qu'il y avait de mieux à faire. Le prince de Metternich,
sérieusement soutenu par lord Castleragh, saisit la
première occasion pour en parler au Tzar. Ce dernier

1. Frédéric de Gentz, *op. cit.*, t. Ier, p. 118.
2. Frédéric de Gentz, Lettre du 7 novembre 1814, t. Ier, p. 120.

n'osa pas dire franchement non, parce qu'au cours de la
guerre, il avait promis (1) à Metternich qu'il ne s'oppo-
serait pas à une clause de garantie pour le territoire ottoman ; mais il ne dit pas non plus oui catégoriquement.
« L'empereur a répondu, écrit Frédéric de Gentz, qu'il ne
se refuserait point à cette garantie et qu'il désirait même
profiter de l'occasion pour aplanir les différends qui sub-
sistent encore entre la Porte et la Russie au sujet de certaines places de la mer Noire » (2). Le correspondant du
prince Caradja remarque avec raison que cette dernière
partie de la phrase ressemble à un subterfuge ou à une
arrière-pensée, « car le moyen le plus simple d'aplanir ces
principaux différends est évidemment entre les mains
de l'empereur qui n'a qu'à rendre à la Porte les points
qu'il occupe en contravention directe au traité de Bucarest » (3).

Chaque fois qu'on voulut mettre sur le tapis la question de la garantie du territoire Ottoman, le Tzar répondit en embrouillant à dessein les choses et en intro-
duisant un élément étranger à la discussion, ses difficultés particulières avec la Porte. Dans cette affaire de
la non exécution du traité de Bucarest, il était certain
que des deux côtés on avait des torts ; mais l'impression
était que la Russie avait plus de torts que le Sultan et que
c'était à elle à mettre fin à la querelle, en abandonnant
les places fortes de la mer Noire, qui appartenaient à la
Porte.

1. Frédéric de Gentz, t. Iᵉʳ, p. 120.
2. *Idem*. p. 143.
3. *Idem*.

Au moment où l'on croyait pouvoir commencer activement et avec suite les négociations en faveur des Turcs, vint la nouvelle du retour de l'île d'Elbe et, dans la conclusion précipitée des traités de Vienne au milieu des préparatifs de campagne, peut-être aussi parce que l'heure n'était pas bonne pour un débat irritant, tout fut abandonné. Le prince de Metternich essaya bien par un moyen détourné d'introduire la question d'Orient dans les traités. Il demanda aux diplomates réunis à Vienne de garantir par leur signature non seulement les « dispositions arrêtées au Congrès, mais aussi en général l'état des possessions de toutes les puissances de l'Europe et de mettre la sûreté et les droits de chaque souverain grand ou petit sous la sauve-garde de tous » (1). La Turquie devait naturellement être comprise dans cette garantie. Ce projet, qui, chose curieuse, a déjà certaines allures de la Sainte-Alliance dans son objet principal, échoua parce qu'il était chimérique, que la Russie voyant où Metternich voulait l'entraîner, se déroba et que les diplomates anglais refusèrent pour des motifs constitutionnels.

La campagne de France terminée et les troupes étrangères rentrant petit à petit dans leurs pays respectifs, la Turquie commença à s'alarmer.

Elle craignait que le Tzar, ayant des troupes prêtes et sur pied de guerre, ne cherchât à profiter de la querelle qu'il avait avec la Porte pour faire une expédition dans les Balkans.

1. Frédéric de Gentz, t. Ier, p. 165.

Le Sultan Mahmoud II, devant l'inquiétude de ses sujets, crut devoir prendre des précautions et, pour satisfaire un parti très nombreux à Constantinople, qui loin de craindre la guerre la souhaitait, il arma et cela avec d'autant plus d'énergie qu'il avait perdu toute confiance en ses alliés l'Autriche et l'Angleterre parce que cette dernière venait de se faire céder les îles Ioniennes.

Dans ses dépêches et toujours afin de ramener la confiance du Sultan, Frédéric de Gentz communiqua au prince Caradja le traité de la Sainte-Alliance. Quoique le document fût tenu très secret, Frédéric de Gentz en avait une copie depuis fort longtemps et il raconte que s'il avait voulu il aurait pu gagner des monceaux d'or par des communications clandestines (1).

Frédéric de Gentz se rendit bien compte que si le prince de Valachie devait être fort heureux de posséder un des premiers une pièce aussi importante, il n'en était pas moins certain que le traité de la Sainte-Alliance produirait sur la Porte le plus mauvais effet. Dans cette union des forces chrétiennes, il était difficile de ne pas voir une déclaration de guerre au Sultan. Aussi il chercha par tous les arguments possibles à rassurer la Turquie.

Pendant toute l'année 1816, dans chaque correspondance, il ne se lassa pas de répéter au hospodar que la Sainte-Alliance n'avait, ne pouvait avoir de mauvais desseins contre la Porte. Il tourna le traité en dérision, prétendit que c'était une plaisanterie, affirma que le prince

1. L'Empereur Alexandre, qui avait demandé le secret avec insistance, publia lui-même brusquement le traité quelques jours après.

Régent d'Angleterre, en adhérant sans le contre-seing de
ses ministres, rendait l'engagement nul, s'était *moqué* du
Tzar (1) ; il ajouta, ce qui était très vraisemblable, que
si Alexandre I, au nom de la Sainte-Alliance, voulait engager l'Angleterre et l'Autriche dans une affaire contre
le Sultan, ces deux dernières puissances ne manqueraient
pas de s'y refuser avec énergie. Le publiciste viennois
affiche le mépris le plus complet pour « cette nullité politique, cette farce sans but réel, cette décoration de
théâtre imaginée peut-être dans un esprit de dévotion
mal entendu et surtout bien mal exprimée, peut-être aussi
dans un simple mouvement de vanité » (2).

Malgré cela, la Porte ne se rassurait que très lente-
ment, parce que l'attitude du Tzar était très bizarre et
pouvait donner des raisons d'inquiétudes sérieuses.
Il ne cessait de proclamer son désir de paix, il envoyait
aux différentes cours une circulaire où il disait que le but
de la Sainte-Alliance était non seulement de garantir la
paix aux nations chrétiennes, mais aussi « de montrer
à l'égard de celles qui ne l'étaient pas cet esprit de modération et de douceur qui éloigne les disputes et les
guerres » ; bien plus, il communiquait le traité de la
Sainte-Alliance avec des commentaires très pacifiques au
Sultan. Mais les actes d'Alexandre I ne correspondaient
pas avec ses paroles. Il ne voulait pas reconnaître ses
torts vis-à-vis de la Porte, soigneusement il faisait durer
les difficultés au sujet du traité de Bucarest et ce qui était

---

1. Frédéric de Gentz, *Lettre du 15 janvier 1816*, t. I, p. 217.
2. Frédéric de Gentz, *Dépêche du 25 février 1816*, t. I, p. 224.

plus grave, tandis que la Prusse avait licencié presque tous ses régiments, que l'Autriche n'avait que quelques troupes désorganisées, que la France n'en avait plus, la Russie continuait à entretenir la formidable armée qui avait fait la campagne de France. On savait encore qu'il y avait à Saint-Pétersbourg un parti de la guerre très nombreux, très bruyant, en tête duquel se faisait remarquer le prince Ypsilanti, et on n'ignorait pas que les Serbes, afin de trouver des secours pour une nouvelle insurrection, avaient envoyé des émissaires en Russie.

Sachant Alexandre I faible de caractère et brusque dans ses résolutions, il n'y avait rien d'étonnant à ce que Mahmoud II, dans ces conditions, ne se montrât pas très tranquille au sujet des intentions de la Russie. Les efforts de Frédéric de Gentz, pour le rassurer ne servaient de rien car, outre ce qu'il savait de la politique russe, le Sultan continuait à n'avoir qu'une médiocre confiance dans ses alliés naturels, l'Autriche et l'Angleterre. Il agissait comme s'il craignait une trahison de la part de ces deux gouvernements et cela désolait le correspondant du hospodar. Vis-à-vis de l'Angleterre la Porte se montrait très froide et hautaine ; on eût dit qu'elle pensait que les Anglais n'étaient venus s'établir aux îles Ioniennes que pour être là, pour marquer leur part à temps, au jour du partage. D'ailleurs à propos de quelques petites affaires sans importance, l'Angleterre s'était montrée très arrogante à l'égard de la Turquie et cela pouvait sembler un indice de l'abandon en Orient de la politique de Pitt. L'ambassadeur du Régent avait eu des discussions très vives avec les autorités musulmanes et les Anglais, agissant tout comme le Tzar dans la mer Noire, cherchaient à conserver en face des îles Ioniennes quelques places albanaises qui ne leur appartenaient pas par les traités.

Quant à l'Autriche, on n'avait pas encore pour elle à Constantinople une amitié telle que la rêvait Metternich. Le Sultan craignait les revirements du cabinet de Vienne, qu'il savait hésitant et sans volonté contre la Russie ; il croyait donc ne devoir compter que sur lui-même.

Aussi lorsque, entre les Russes et les Turcs, commença la conférence au sujet de l'exécution du traité de Bucarest, Mahmoud II ne jugea même pas nécessaire d'en prévenir M. de Stürner, l'internonce. Ce dernier, pour avoir des détails sur cette importante négociation, dut aller les demander au Reis Effendi qui lui répondit (la réponse est significative, car elle indique que malgré tout le traité de la Sainte-Alliance avait fait une pénible impression à Contantinople) d'aller se renseigner auprès de M. de Strogonoff, ambassadeur de Russie qui lui rendrait ce service « eu égard aux liens intimes politiques et *religieux* qui unissaient les cours impériales de Russie et d'Autriche » (1).

Peut-être était-ce de la part du gouvernement turc, une maladresse de repousser ainsi avec mépris les seules alliances possibles, car les relations de la Turquie et de la Russie devenaient de jour en jour plus aigres. Petit à petit, à mesure que se poursuivaient les négociations pour l'exécution du traité de Bucarest, une guerre entre

1. Dépêche du Chevalier de Gentz du 5 février 1817, t. I, p. 279.

la Russie et la Turquie devenait tous les jours plus pro -
bable. L'ambassadeur du Tzar, par son langage violent
et aussi par les arguments audacieux, presque cyniques
qu'il donnait en faveur de son gouvernement, semblait
vouloir provoquer une rupture. Il disait par exemple que
le Tzar ne pouvait rendre la ville d'Anacra qui appartenait aux Turcs, parce qu'elle lui était très nécessaire et
qu'il avait dépensé de grosses sommes pour la fortifier.

Cette question de l'exécution du traité de Bucarest
pouvait donc facilement provoquer la guerre, mais il
existait encore un autre point noir. Comme à plaisir,
l'Empereur Alexandre I semait les motifs de discorde
entre la Porte et lui. Dans cette année 1817, si l'on com-
pare les actes et les paroles du Tzar, on a l'impression
qu'à cette époque il aurait engagé avec bonheur une
guerre contre le Sultan, mais que s'étant lié lui-même
par des proclamations retentissantes où il n'était question que de son amour pour la paix, ne pouvant par con-
séquent commencer le premier les hostilités, il voulait
pousser la Porte à prendre l'initiative de la rupture.

Le nouveau grief contre la Turquie, inventé par la
Russie était très curieux. Le Tzar reprochait aux Turcs
de ne pas punir les pirateries des corsaires barbaresques.
S'il existait un Etat qui avait peu à souffrir de ces écu-
meurs de mer, c'était bien la Russie, dont la marine
marchande, d'ailleurs peu importante, ne pénétrait pas
souvent dans la Méditerranée. L'Empereur Alexandre,
dans des termes forts blessants pour la Porte, la montrant incapable de rendre la sécurité aux marins qui
avaient à passer dans les parages d'Alger, revendiqua

énergiquement pour l'Europe le droit de se substituer au Sultan pour faire la police de la mer Méditerranée.

En Europe, personne ne fut trompé. Tout le monde comprit que cette soi-disant croisade contre les pirates en était une contre la Porte et procurait à la Russie un excellent prétexte pour entretenir une flotte tout près du Bosphore. Frédéric de Gentz faisait à ce sujet des remarques très justes.

« Si l'on permettait à la Russie de coopérer avec ses mains à la répression des pirates, il faudrait ou lui donner un port de ravitaillement dans la Méditerranée, Kronstadt était trop loin, ou bien ouvrir les Dardannelles, deux choses également dangereuses. » Avoir une station d'hiver dans la Méditerranée était si bien dans les intentions de l'Empereur Alexandre, qu'il avait noué entre St-Pétersbourg et Madrid des négociations très mystérieuses et qui émurent fort la diplomatie européenne quand on apprit que l'Espagne était sur le point de céder Port-Mahon à la Russie (1).

Tout faisait donc prévoir une guerre entre la Russie et la Turquie et la tâche de Frédéric de Gentz jusqu'à la fin de sa correspondance officielle avec le prince Caradja, fut exclusivement de prêcher au Sultan la sagesse, la modération, le calme, afin de ne donner à la Russie aucun motif de rupture (2). Mais les efforts de Frédéric de Gentz

1. Cette négociation fut arrêtée par le Tzar, effrayé de l'opposition violente que ce projet soulevait en Angleterre, en Autriche et en Prusse.

2. Il est à remarquer que ce cabinet de Vienne, en 1815, affirmait qu'il ne laisserait pas la Russie toucher au territoire Otto-

restèrent sans effet. La Turquie continuera à garder la même attitude que par le passé.

La guerre, néanmoins, qui semblait si prochaine, n'éclata que dix ans après sous le règne du Tzar Nicolas.

man, qu'il se brouillerait plutôt avec elle, conseillait maintenant à la Porte de céder ces territoires que le Tzar réclamait sans aucun droit.

Fin de la Correspondance.

La correspondance politique de Frédéric de Gentz avec
le prince Caradja fut brusquement arrêtée dans la seconde
moitié de l'année 1818.

Un beau jour, subitement, à l'étonnement profond des
habitants de Bucarest, après avoir reçu un courrier de
Constantinople, le hospodar s'était enfui (1). Quelques
heures auparavant il avait fait appeler à son palais le consul général de Russie, Pini, et après lui avoir dit que,
par suite de mésintelligence avec le Sultan, il était obligé
de partir, il l'avait chargé (2), détail curieux et instructif,
d'administrer la Valachie jusqu'à l'arrivée du nouveau
prince que la Porte nommerait (3).

On le voit, Caradja n'était pas, malgré tous ses efforts,
resté bien longtemps en faveur auprès du Sultan. En voici
les raisons.

Lorsque les Russes signèrent avec la Sublime-Porte le

1. Il emportait 18 millions de piastres et alla s'établir en Italie.
Histoire politique et sociale des Principautés Danubiennes, par M.
Elias Regnault, p. 109.

2. Le consul russe fut peu reconnaissant pour cette marque
de confiance ; sitôt le Caradja parti, il fit mettre le sceau russe sur
les appartements du prince et mit tous les biens du hospodar
sous séquestre pour payer quelques sommes dues à des sujets
russes. Wilkinson, p. 257.

3. Wilkinson, *Tableau de la Moldavie et de la Valachie*, p. 256.

traité de Bucarest, ils cherchèrent à rendre plus stable
le gouvernement des Principautés. La grande cause de
misère de la Moldavie et de la Valachie était, en effet,
que les princes changeaient trop souvent. En 90 ans, la
Valachie avait eu 40 princes (1).

Si l'on songe que le pays fut dans cet espace de temps
occupé et administré pendant 16 ans par les étrangers (2), on arrive à constater qu'en moyenne il venait
dans le pays un nouveau prince tous les vingt-deux mois.
Pour se faire nommer hospodar cela coûtait cher. On
raconte que rien qu'à Halat Effendi, Caradja dut payer
2,800,000 piastres (3). Il était donc tout naturel qu'à
peine arrivé et sachant qu'il ne resterait pas bien longtemps au pouvoir, le prince de Valachie s'empressât de
remplir ses poches le plus vite possible, afin de regagner
les sommes qu'il avait dû distribuer et de faire sa fortune ainsi que celle de ses parents et de ses amis. Aussi
le pays était-il accablé des charges les plus lourdes.

Pour remédier à ce pitoyable état de choses et pensant que le prince, ayant plus de temps pour payer ses
dettes et s'enrichir, demanderait annuellement beaucoup
moins au pays, les Russes exigèrent que les hospodars
resteraient dans les principautés pendant sept ans (4).

Mais la diplomatie russe, qui d'ailleurs de son côté fut
on ne peut plus déloyale dans l'exécution des stipula-

1. Wilkinson, p. 89.
2. De 1770 à 1774, de 1806 à 1812 par les Russes, de 1789 à 1792
par les Autrichiens et par les Russes.
3. 4,000,000 de francs, *Xenopol.*, t. V, p. 414.
4. Traité de Bucarest, *Recueil de traités*, Martens, t. III, p. 397.

tions de Bucarest, n'avait pas compté avec la duplicité des Ottomans.

La Porte n'avait pas plutôt signé le traité, qu'elle avait trouvé déjà un moyen d'éluder cette clause des sept ans qui lui était très pénible, car les changements fréquents des princes phanariotes était une nécessité budgétaire, chaque candidat à l'hospodorat, nous l'avons vu, devant payer sa nomination en or et en argent.

La ruse employée par le Sultan pour violer le traité sans se heurter aux réclamations de la Russie était très simple : le Tzar avait bien le droit de protester si la Porte révoquait les princes, mais qu'aurait-il à dire si le hospodar, au bout de deux ou trois ans, de son propre mouvement, comme fatigué des charges du pouvoir, donnait sa démission ? Rien. On ne peut contre son gré obliger un homme à diriger un État. Cela explique pourquoi lorsqu'il partit pour la Valachie, Caradja avait dû prendre l'engagement de se retirer au bout de trois ans.

Pour devenir prince, Caradja promit tout ce qu'on lui demanda ; mais une fois à Bucarest, menant une vie fastueuse, ayant des revenus fixes, outre mille autres ressources, qui dépassaient 2 millions de piastres, Caradja prit goût au pouvoir et ne voulut plus quitter un gouvernement d'un si bon rapport. Il réussit, à force de prières et d'or et avec l'influence de l'Autriche, à faire prolonger d'un an le temps qu'il devait passer à la tête de la Valachie. Mais cette année terminée, la Porte ne voulut plus autoriser le hospodar à rester encore à Bucarest. Il s'échangea à ce propos entre Bucarest et Constantinople des correspondances de plus en plus aigres. Mais malgré tous les ordres de retour, Caradja continua à gérer les affaires valaques. Comme il savait que le traité de Bucarest le mettait à l'abri d'une révocation, avec l'aide du consul russe dont, vu les circonstances, il s'était rapproché, le hospodar put braver le Sultan. D'ailleurs Caradja espérait toujours rentrer en faveur et cela grâce aux amitiés qu'il avait su se faire en Autriche. Dans une lettre de novembre 1817 qu'il adressa à Frédérié de Gentz, le hospodar le pria de faire écrire par Metternich au gouvernement ottoman que lui, Caradja, jouit à juste titre de la bienveillance et de la confiance du Sultan, que dans l'espace de sa destination, à la Principauté de la Valachie, il a servi et sert l'empire ottoman avec plus de zèle, de droiture et de fidélité que ses prédécesseurs, que sa majesté l'Empereur et Roi veut bien le regarder comme un organe utile non seulement à conserver mais encore à augmenter la bonne intelligence entre les deux empires, etc., etc. (1).

Un peu plus tard Caradja écrivait directement au prince de Metternich pour le prier d'intercéder en sa faveur auprès du Sultan, mais rien n'y fit et le hospodar dut partir. Peut-être serait-il resté quand même, s'il n'avait appris que la Porte, pour se débarrasser de lui, avait trouvé un moyen radical. Dans une des dernières lettres adressées de Bucarest à Gentz par le prince on lit : « Ainsi donc toute idée de prolongation de mon administration par le consentement de la Sublime-Porte devient illusoire...... et tout de suite après ce que je dois vous dire,

_____

1. Klinkowström, p. 116 à 117.

c'est que ma perte est certaine si je retourne à Constantinople. » (1) Cela était vrai. Le Sultan avait décidé de faire assassiner le prince récalcitrant. Il y avait des précédents. Déjà Ghika et Mavroghani avaient subi un sort semblable. Caradja, qui connaissait les mœurs de la politique ottomane, qui n'avait certes pas oublié encore le meurtre de Morousi, le négociateur des traités de Bucarest, préfère s'en aller que de gouverner avec une épée de Damoclés sans cesse suspendue sur sa tête.

Grâce à la protection de l'Autriche il put sous un nom d'emprunt, passer avec sa famille et sa suite à Cronstadt, et de là en Suisse. La correspondance du prince avec le chevalier de Gentz se transforma alors, devint plus intime et par cela même intéresse moins l'histoire.

Le nouveau prince de Valachie, Alexandre Soutzo, comprenant tout l'intérêt des lettres du chevalier de Gentz, demanda la continuation de la correspondance, son successeur fit de même et c'est ainsi que, de 1813 à 1828, Frédéric de Gentz renseigna régulièrement la cour de Bucarest sur ce qui se passait en Europe.

1. Klinkowström, p. 126 à 128.

N. Alexandresco

Laval, imprimerie et stéréotypie E. Jamin.